EL VÍA CRUCIS PARA TODOS

Clarence Enzler

Traducción de Donald G. Fetters, C.S.C.

Ilustrado por

Annika Nelson y Gertrud Mueller Nelson

ave maria press AmP notre dame, indiana

Nihil Obstat:
John L. Reedy, C.S.C.
Censor Deputatis

Imprimatur:
Mons. Leo A. Pursley, D.D.
Obispo de Fort Wayne-South Bend

La editorial Ave Maria Press, fundada en 1865, es un ministerio de la Provincia de los Estados Unidos de la Congregación de Santa Cruz.

www.avemariapress.com

Regular	ISBN 978-1-59471-430-6
Regular ePub	ISBN 978-1-59471-455-9
Large Print	ISBN 978-1-59471-454-2
Spanish	ISBN 978-1-59471-452-8
Spanish ePub	ISBN 978-1-59471-453-5

Impreso y empastado en los Estados Unidos de América.

INTRODUCCIÓN

Habla Cristo: Estos catorce pasos
que estás al punto de caminar,
no los das a solas,

pues camino contigo.

Aunque tú eres tú
y yo soy yo,
somos de verdad uno sólo—
un Cristo.

Y por lo tanto,
mi vía crucis
de hace dos mil años
y tu "vía" ahora
también son una sola cosa.

Pero fíjate en esta diferencia.
Mi vida fue incompleta hasta culminarla
con mi muerte.
Tus catorce pasos
serán completos
sólo cuando los has culminado
con tu vida.

Jesús es condenado

Habla Cristo: Mi querido otro yo,
en las manos de Pilato,
encuentro la voluntad de mi Padre.
Aunque sea injusto,
Pilato ejerce poder terrenal
sobre mí.

Por tanto, el Hijo de Dios obedece.

Si yo puedo someterme a la voluntad de mi Padre
¿no podrías tú someterte,
incluso frente a la injusticia?

Respondo: Mi Señor, Jesús,
Tu obediencia te costó la vida.
La obediencia mía no me cuesta
más que un acto de voluntad;
y sin embargo,
¡qué difícil es para mí ceder!

Quítame la venda de mis ojos
para que pueda ver
que eres Tú el único
a quien obedezco.

Señor, eres tú.

jesús carga su cruz

Habla Cristo: Esta cruz,
este pedazo de árbol,
es lo que mi Padre escogió para mí.

La cruces que tú tienes que cargar
son mayormente el producto de tu vida cotidiana.
No obstante, mi Padre las escogió para ti también.

Acéptalas de sus manos.

Ánimo, mi querido otro yo,
No dejaré que tus cargas aumenten
ni siquiera un gramo más allá
de lo que tu fuerza pueda soportar.

Respondo: Mi Señor, Jesús,
asumo mi cruz cotidiana.
Acepto la monotonía
que muchas veces
marca mi día,
las incomodidades de todo tipo,
el calor del verano y el frío que trae el invierno,
mis desilusiones, tensiones, retrocesos, preocupaciones.

Recuérdame a menudo que
al cargar mi cruz,
llevo la tuya junto contigo.
Y aunque sea apenas una astilla de tu cruz que cargo
Tú cargas todas las mías,
excepto la astilla que me pides a cambio.

Tercera estación
JESÚS CAE

Habla Cristo: El Dios que creó el universo
y lo sostiene
por su propia voluntad,
se hace hombre,
demasiado débil para soportar
el peso de la madera.

Tan humano en su debilidad es el Hijo de Dios.

Así mi Padre lo quiso.
Si no fuera así no podría ser yo tu modelo.

Si quisieras ser mi otro yo,
también deberías de aceptar sin quejarte
tus fragilidades humanas.

Respondo: Señor Jesús, ¿cómo no aceptar?

De buena gana acepto mis debilidades,
mis molestias y mi mal humor,
mis dolores de cabeza y mi fatiga,
todos mis defectos de cuerpo, mente y alma.

Gozosamente los sufro,
porque estas discapacidades de mi humanidad
son para mí tu voluntad.

Hazme contento
con todos mis descontentos,
pero dame fuerza
para mi lucha de seguirte.

Jesús se encuentra con su madre

Habla Cristo: Mi Madre me ve azotado.
Me ve golpeado a patadas y obligado a avanzar
como si fuera una bestia.
Se fija en cada herida.
Aunque su alma grita con angustia,
ni protesta ni queja
se escapa de sus labios
ni entran en la mente.

Ella comparte mi martirio,
y comparto el suyo.
Entre nosotros no ocultamos
del ojo del otro nuestro dolor.
Así es la voluntad de mi Padre.

Respondo: Mi Señor, Jesús,
entiendo lo que me dices.
Ver el dolor de los que amamos
es más difícil que llevar el propio.

Para cargar mi cruz detrás de ti,
también tengo que observar con impotencia
el sufrimiento de mis seres queridos:
la angustia, la enfermedad y la pena
de los que amo.

Y tengo que dejarlos observar el mío también.

Sí, creo:
que para los que te aman
todas las cosas llegan a un buen fin.

SIMÓN AYUDA A JESÚS

Habla Cristo: Se ha ido mi fuerza;
ya no puedo cargar la cruz yo solo.
Por eso los soldados
insisten en que Simón me ayude.

Este hombre es como tú, mi querido otro yo.
Préstame tu fuerza.

Cada vez que alivias al otro una carga pesada,
así levantas el terrible peso de la cruz
que me aplasta
como si fuera con tu propia mano.

Respondo: Señor, hazme consciente
de que cada vez que lavo un plato,
recojo algo del suelo,
ayudo a un niño con alguna tarea,
o cedo el paso al otro
en el tráfico o en el supermercado;
de que cuando doy comida al hambriento,
visto al desnudo,
enseño al ignorante,
o me ofrezco al servicio de otro en cualquier manera
—no importa a quien—
es como si yo fuera Simón mismo.
Y la bondad que les brindo a ellos,
en realidad te la doy a ti.

verónica ayuda a jesús

Habla Cristo: ¿Podrías ser tan valiente, mi querido otro yo,
como para limpiar mi rostro ensangrentado?

Te preguntas ¿dónde está tu rostro?

En la casa cuando los ojos se llenan con lágrimas,
en el trabajo cuando sube el nivel de tensión,
en la cancha de juegos, en los barrios pobres,
en los tribunales, los hospitales, las cárceles—
en cualquier lugar donde hay sufrimiento—
ahí está mi rostro.
Y te busco
para que me limpies la sangre y enjuagues mis lágrimas.

Respondo: Señor, lo que me pides es difícil.
Me exiges valentía y abnegación,
y soy débil.
Por favor, dame fuerza.
No me dejes alejarme a causa del miedo.

Señor, vive en mí,
actúa en mí
y ama en mí.
Y no solo en mí
sino en todos nosotros,
para que podamos revelar en la tierra,
ya no tu rostro ensangrentado
sino el glorioso.

jesús cae otra vez

Habla Cristo: Este séptimo paso, mi querido otro yo,
pone a prueba tu voluntad.
Por esta caída aprende a perseverar
en hacer el bien.

Llegará el tiempo
cuando todo tu esfuerzo parecerá fallar,
y pensarás
"No puedo seguir".

En esa instancia,
recurre a mí,
querido amigo agobiado.

Confía en mí y continúa.

Respondo: Dame la valentía, Señor,
cuando me agobia el fracaso
y me encuentro solo.
Extiende tu mano y levántame.

Sé que no debo parar
sino perseverar en hacer el bien.

Ayúdame pues, Señor.
Solo, no hay nada que puedo hacer.
Contigo, puedo hacer lo que me pidas.

Y lo haré.

Habla Cristo: Cuántas veces he deseado
recoger a los hijos de Jerusalén
y unirlos conmigo.
Pero rehusaron.

Ahora estas mujeres lloran por mí
y mi corazón llora por ellas:
por las penas que les vendrán.

Conforto a aquellos que pretenden consolarme a mí.

Y tú mi querido otro yo,
¿Cuán tierno puedes ser?
¿Cuán bondadoso?

Respondo: Mi Jesús,
Tu compasión
en medio de tu pasión
es incomparable.

Señor, enséñame,
para que aprenda.
En esas instancias cuando contestaría bruscamente
a los que me ridiculizan hasta herirme,
o me malentienden,
o me obstaculizan con su ayuda bien intencionada
pero mal dirigida,
o a los que invaden mi privacidad,
entonces ayúdame a guardar la lengua.

Que la bondad sea mi abrigo.

Hazme bondadoso como tú.

La tercera caída

Habla Cristo: Totalmente agotado,
estoy desplomado en el sendero empedrado.
Ya no me puedo mover.
Ni golpes ni patadas me pueden forzar a levantarme.

Y sin embargo mi voluntad es mía.
Y así es la tuya.

Sepa una cosa, mi querido otro yo,
aunque tu cuerpo esté quebrado,
No existe en la tierra, tampoco en el infierno,
una fuerza que te pueda quitar tu voluntad.

Tu voluntad es tuya.

Respondo: Mi Señor.
te veo descansar por un momento
y en seguida te levantas y sigues adelante
con los pasos inestables.
Entonces, yo puedo hacerlo, pues mi voluntad es mía.

Cuando desaparezca mi fuerza
y la culpa y el auto reproche
me aplasten en la tierra y parezca que me agarran,
protégeme del pecado de Judas:
¡Sálvame de la desesperación!

Señor, nunca me dejes
sentir que algún pecado mío
sea más grande que tu amor.
No importa cual sea mi pasado,
puedo comenzar de nuevo.

Habla Cristo: Fíjate, mi querido otro yo,
en el rey más pobre de la historia.
Permanezco desnudo ante los ojos de mis criaturas.
Ni siquiera la cruz
que ha sido mi lecho de muerte, es mía.

Sin embargo ¿existe alguien
que ha sido tan rico como yo?

Dueño de nada,
poseo todo: el amor de mi Padre.

Si tú también quisieras poseer todo,
no te preocupes por
la comida, tu ropa, tu vida.

Respondo: Mi Señor,
te ofrezco todo
lo que poseo, y aún más,
a mí mismo.

Despégame del deseo
del prestigio, cargos de importancia, riquezas.

Arranca de mí
cualquier rastro de envidia
del vecino que tenga más que yo.
Libérame del vicio del orgullo,
mi anhelo de exaltarme a mí mismo
y condúceme al lugar más humilde.

Que yo sea pobre en espíritu, Señor,
para entonces ser rico en ti.

jesús es crucificado

Habla Cristo: ¿Puedes imaginar lo que significa ser crucificado?

Mis verdugos estiran mis brazos;
sostienen mi mano y muñeca contra la madera
e insertan el clavo
hasta romper la carne.
Y después, con el golpe fuerte de un martillo
lo hacen penetrar,
y el dolor explota
como una bomba de fuego en mi cerebro.

Me agarran el otro brazo
y de nuevo explota la agonía.

En seguida, levantando mis rodillas
para sujetar mis pies contra la madera,
los clavan fijos rápidamente.

Respondo: Mi Dios,
Te miro y me pregunto:
¿Mi alma vale tanto?

¿Qué puedo darte a cambio?

Ahora mismo
acepto durante toda mi vida
cualquier enfermedad, tormento
o agonía que me pueda ocurrir.
Cada cruz aprieto a mis labios.

¡Oh santa cruz que me permite ser—
contigo—
un co-redentor de la humanidad!

Décima segunda estación
muere jesús

Habla Cristo: Ahora la cruz llega a ser púlpito—
"Perdónalos, Padre. . . .
Estarás conmigo en el paraíso. . . .
Ahí tienes a tu madre. . . . Ahí . . . a tu hijo . . .
Tengo sed . . .
Todo está cumplido".

Para poder hablar tengo que levantarme
apoyándome con las muñecas y los pies
y cada movimiento me envuelve
en nuevas olas de agonía.

Y de repente, cuando he cargado lo suficiente,
y vaciado mi humanidad,
suelto mi vida mortal.

Respondo: Señor mío,
Dios mío,
¿Qué puedo decir o hacer?

Te ofrezco **mi** muerte
con todo sus dolores,
y así aceptar ahora
el momento y manera de muerte
que me espere.
No alargaría mi vida
ni siguiera por un instante.

Te ofrezco mi muerte
por mis propios pecados
y por los de toda la humanidad.

Dios mío, Dios mío, no me abandones.
No sabemos lo que hacemos.

JesÚs es BaJaDo

Habla Cristo: El sacrificio está cumplido.

Sí, mi Misa está terminada;
Pero no así la de mi madre
ni la tuya, mi querido otro yo.

Todavía mi madre tiene que cargar en sus brazos
el cuerpo sin vida del hijo al que diera a luz.

Tú también, tendrás que despedirte
de tus seres queridos,
y el dolor te llegará.

En tu duelo piensa en esto:
una cantidad de almas fue salvada
porque María compartió mi Calvario.
Tu dolor también puede ser
el precio por las almas.

Respondo: Te ruego, Señor,
ayúdame a aceptar las separaciones que tienen que
  ocurrir:
los amigos que se van,
mis hijos que dejan la casa,
y sobre todo, mis seres queridos
cuando tú los llamas a ti mismo.

Entonces, dame la gracia para poder decir:
"Como te ha agradado llevarlos a casa, Señor,
acato tu más santa voluntad.
Y si contra tu voluntad
pudiera con una sola palabra restaurar sus vidas,
no hablaría".
Dales el gozo eterno.

jesús es sepultado

Habla Cristo: Así termina mi vida mortal.

Pero ahora otra vida comienza
para María,
y para Magdalena,
para Pedro y para Juan,
y para ti.

El trabajo de mi vida está completo,
mi trabajo dentro de mi iglesia y por medio de ella
tiene que comenzar ahora.

Recurro a ti, mi querido otro yo.

Día tras día, desde este momento en adelante,
sé mi apóstol,
víctima,
santo.

Respondo: Mi Señor, Jesús,
Tú sabes que mi espíritu está tan dispuesto
como mi carne es débil.

Déjame cumplir lo que no pudiste
durante tu corta vida en la tierra:
la enseñanza que no lograste entregar,
el sufrimiento que no pudiste aguantar,
las obras de amor que no pudiste realizar.

Pero yo soy nada, Señor.
¡Ayúdame!

conclusión

Habla Cristo: Mi otro yo,
te dije desde el inicio
que mi vida no fue completa
hasta que la culminé con mi muerte.
Tu "vía" no estará completa
hasta que la culmines con tu vida.

Acepta cada momento que te toca vivir,
con fe y con la confianza
de que todo lo que pase llevará mi sello.
No requiere más que un simple *fiat*,
un suspiro dentro de tu corazón, que diga:
"lo deseo, Señor".

Entonces no me busques en lugares lejanos,
pues estoy cerca.
Tu mesón de trabajo, la oficina, la cocina—
estos lugares son tus altares
donde ofreces tu amor.
Y estoy contigo allí.

¡Anda! Toma tu cruz
y con tu vida
completa tu vía.